Inhalt

NARZISSMUS 2

DEFINITION NARZISSMUS 5
WORAN ERKENNE ICH EINEN
NARZISSTEN? 7
MERKMALE DES NARZISSTEN 9
WIE GEHE ICH MIT EINEM
NARZISSTEN UM? 14
WIE GEHE ICH MIT MEINEM
NARZISSTISCHEN CHEF UM? 23
NARZISSMUS IN DER BEZIEHUNG .. 31
SIE SIND KEIN NARZISST,
WENN 37
MÄNNLICHER UND WEIBLICHER
NARZISSMUS-WO IST DER
UNTERSCHIED? 41
WIE ERZIEHE ICH MEIN KIND ZU
EINEM NARZISSTEN? 45
WORAN ERKENNT MAN EINEN MINI-
NARZISSTEN? 49

EINE GUTE SEITE DES NARZISSMUS 52
WAS MACHT DER STÄNDIGE KONTAKT MIT EINEM NARZISSTEN MIT MIR? 54
WAS TUN, WENN ICH SCHON VON EINEM NARZISSTEN GESCHÄDIGT WURDE? 59
DIE TRENNUNG 70
KANN MAN NARZISSTEN HEILEN? . 75
NARZISSMUS IST HEILBAR – MIT „FOLTERMETHODEN" 80
ABSCHLIEßENDE WORTE 82
QUELLENANGABE: 90

Narzissmus

SELBSTVERLIEBTES ICH

Weiblichen Narzissmus und männlichen Narzissmus verstehen. Narzisstische Persönlichkeitsstörungen erkennen. Betroffenen helfen sich aus der Opferstellung zu befreien.

Mike R. Greuter

Narzissmus

Narzissus, Sohn des Flussgottes Kephissos und der Wassernymphe Leiriope, wurde in Schande gezeugt, weiß die griechische Mythologie zu berichten. Demnach bemächtigte Kephissos sich der Leiriope, vergewaltigte sie und ließ die nun Schwanger einfach sitzen. Narzissus wuchs fortan als ungeliebtes, zurückgewiesenes Kind auf.

Er kannte keine Liebe für andere, nur für sich selbst. Kein Bewerber und keine Bewerberin waren ihm gut genug, einzig sein Selbstbildnis konnte er lieben. Als er eines Tages an einer Wasserquelle Wasser trinkt, betrachtet er sein Bild im Wasser und verliebt sich in sich selbst. Doch, als er so auf sein Gesicht im Wasser blickt, fällt ein Blatt darauf herab und Narzissus ist so erschrocken von seinen verzerrten, hässlichen Zügen, dass er darüber unglücklich stirbt.

Soviel zur Geschichte. Doch, was genau ist nun ein Narzisst? Werden wir vielleicht schon als Narzissten geboren? Oder gibt es das „Narzissmus-Gen"? Oder ist gar unsere Erziehung schuld? Werden wir zum Narzissten erzogen? Oder prägen uns die Erlebnisse unseres Lebens so sehr, dass wir uns zum Narzissten entwickeln? Dieser kleine Ratgeber soll Licht in das Dunkel bringen und ein Leitfaden sein für den Umgang mit einem Narzissten.
Das Thema enthält viel Brisanz und soll schonungslos offenbaren, wie Menschen unter narzisstischem Einfluss leiden und wie die Sichtweise des Narzissten ist. Dies soll keine Entschuldigung oder

Rechtfertigung für den Narzissmus darstellen, es soll nur auch darauf hingewiesen werden, einmal durch die Augen des Narzissten die Welt zu betrachten. Sollten Sie selbst mit einem Narzissten zusammenleben und ist ihre Leidensfähigkeit erschöpft, so ist auch das Thema „Trennung von einem Narzissten" kurz beschrieben.

Definition Narzissmus

Spricht man von einem Narzissten, so ist die Rede von einem selbstverliebten, sich selbst bewundernden Menschen. Der Narzisst empfindet sich selbst als wichtiger und wertvoller, als den Rest der Gesellschaft. Ein Narzisst schenkt immer nur sich selbst Beachtung, die anderen, urteilenden Menschen sind ihm gleichgültig. Ein Narzisst entzieht sich den Ansprüchen der Gesellschaft zugunsten seines übersteigerten Ich-Anspruchs. Dabei ist er für jegliche Kritik von außen immun und er bejaht seinen eigenen Narzissmus.
Der Narzisst ist, mehr als sonstige Menschen, auf die Bewunderung der Anderen angewiesen-dies nährt seine Überzeugungen der eigenen Großartigkeit zusehends, es ist seine Droge. Der Begriff „Narzissmus" verbindet eine Vielzahl an unterschiedlichen psychologischen und medizinischen Krankheitsbildern. So sind milde Verlaufsformen als narzisstische Störung charakterisiert, währenddessen ausgeprägte Verläufe bis hin zu einer tiefen Persönlichkeitsstörung reichen können.
Es gibt inzwischen auch medizinische

Beweise, welche die fehlende Empathie eines Narzissten anhand von Ergebnissen belegen können. So führte Stefan Röpke von der Charité in Berlin mit einigen Psychologenkollegen Untersuchungen mittels MRT bei 34 Teilnehmern durch. Die eine Hälfte der Probanden waren diagnostizierte Narzissten, die andere Hälfte war von der Persönlichkeitsstörung nicht betroffen. Auf den Aufnahmen des MRT wurde dann offensichtlich, was die fehlende Empathie verursachen könnte. Die Großhirnrinde war bei den narzisstischen Personen um einiges dünner, als bei den Restlichen. Die Großhirnrinde ist die nervenzellenreiche äußere Schicht des Großhirns.

Je nach Region ist sie dabei etwa 2-5 Millimeter dick. Diese „grauen Falten" unter der Kopfhaut ermöglichen das Denken, lassen uns bewusst wahrnehmen, sprechen und die Inselrinde ist dabei Sitz des Mitgefühls.

In Deutschland sind rund 9,4 % der Bevölkerung von einer Persönlichkeitsstörung betroffen. Narzisstische Störungen treten bei rund 0,4 % Der Bevölkerung auf.

Woran erkenne ich einen Narzissten?

Üblicherweise fällt einem der Narzisst gar nicht gleich als solcher auf. Ganz im Gegenteil! Gerne werden diese Menschen als besonders charismatisch und charmant angesehen. Zu Beginn wirken die Narzissten als reine Rhetorikwunder, sie sind humorvoll, selbstbewusst und sie ziehen alle Blicke auf sich, wenn sie einen Raum betreten.

Doch mit der Zeit kehrt der Narzisst sein eigentliches Wesen nach außen und die meisten Menschen werden sich von ihm abwenden. Sie erkennen, dass beim Narzissten mehr Schein als Sein herrscht und seine egozentrische Art wird viele nur noch nerven. Schade nur um die investierte Zeit, werden sich manche denken, wenn sie dann schließlich einen Narzissten entlarven. Es wäre doch schön, wenn man schon nach ganz kurzer Zeit einen Narzissten erkennen könnte.

Der Forscher Brad Bushman führte mit einem Kollegenteam elf unabhängige Studien mit insgesamt 2250 Teilnehmern an der Ohio State University durch. Die Ergebnisse waren unglaublich! Um einen Narzissten zu entlarven braucht es nicht den ausgeklügelten Fragenkatalog, welchen die Psychologen nutzen, es genügt eine einzige, simple Frage! Fragen Sie den Narzissten, wie sehr er sich, auf einer Skala von 1-7, als Narzisst einschätzt.

Ziemlich plump und platt, werden viele von Ihnen nun sagen. Und das stimmt ja auch, doch die Natur des Narzissten wird ihn dazu bringen, sich besonders weit oben in der Skala zu sehen. Der Narzisst entlarvt sich dank seiner Selbstverliebtheit und Egomanie praktisch selbst. Dabei wird er sich, je ausgeprägter seine Störung ist, auf einem hohen bis sehr hohen Rang einordnen. Das mag manche von Ihnen vielleicht staunend blicken lassen, doch der Narzisst sieht nichts Verwerfliches daran, sich selbst als besonders toll und großartig zu sehen.
Das kann und möchte er auch nicht leugnen, deshalb kann er mit dieser Frage auch so einfach ausgemacht werden.

Merkmale des Narzissten

Das tückische an einem Narzissten ist ja, dass man ihn nicht gleich auf den ersten Blick als solchen wahrnimmt. Sie scheinen besonders wortgewandt, humorvoll, selbstbewusst und charmant. Sie vermitteln durchaus einen positiven Eindruck und sind Meister der Selbstdarstellung. Mit einer spielerischen Leichtigkeit wickeln sie jeden Menschen um den Finger und manipulieren jeden in ihrem Umfeld. Damit ihnen so etwas erst gar nicht passieren kann, werden hier die wichtigsten Merkmale einer narzisstischen Persönlichkeit kurz erläutert.

Narzissten brauchen sehr viel Aufmerksamkeit. Sie wollen immer der Mittelpunkt sein, lieben den öffentlichen Auftritt und die damit einhergehende Bewunderung der Anderen. Sie verstehen es gekonnt, sich immer in Szene und ins rechte Licht zu setzen.
Wird ihnen jedoch die geforderte Aufmerksamkeit einmal nicht zuteil, so verhalten sie sich oft irrational, um wieder ins Rampenlicht zu geraten. Narzissten

trifft man oftmals auf den Plattformen der sozialen Medien-hier erhalten sie die unbegrenzte Aufmerksamkeit und können sich reichhaltig der Welt präsentieren.
Ist man mit einem Narzissten in einer Beziehung, so reagieren diese oft mit übertriebenem (und oft auch unberechtigtem) eifersüchtigem Verhalten. Der Partner gehört nur ihm und er beansprucht die komplette Aufmerksamkeit. Der Partner wir komplett vereinnahmt und hat nur noch für den Narzissten da zu sein, wie ein Leibeigener.

Der Narzisst hat die Wahrheit für sich gepachtet und das teilt er seiner Umwelt auch gerne mit. Die Meinung der Anderen zählt für den Narzissten überhaupt nichts, da diese den Zusammenhang des großen Ganzen eh nicht verstehen können.
Mit Kritik kann ein Narzisst gar nicht umgehen. Beim leichtesten Gegenwind sehen sie sich in ihrem Stolz und ihrer Ehre, in ihrer Person, gekränkt und reagieren oftmals unverständlich darauf.

Ein Narzisst macht andere Menschen klein. Er ist ständig auf seinen eigenen Vorteil bedacht und um sich besser zu

fühlen geht er sprichwörtlich über Leichen. Er kehrt die Fehler der Anderen heraus, um von seinen Unzulänglichkeiten abzulenken.
Dabei äußert er diese Abwertungen nicht im geheimen, sondern stellt sie offen zur Schau. Dadurch hofft er auf die Zustimmung und Bewunderung der Mitmenschen. Dabei fehlt es ihm an jeglicher Empathie und das Befinden der so herabgesetzten Person ist ihm dabei völlig gleichgültig.

Der Narzisst ist ein Meister der Manipulation. Er weiß, wie er andere dazu bringt, in seinem Sinne zu handeln und ihm nach dem Mund zu reden. Nicht selten ist das damit verbunden, dass das Gegenüber ein schlechtes Gewissen bekommt, da es ja nicht schon längst zugunsten des Manipulators agiert hat. In der Beziehung mit einem Narzissten muss man sich auf seinen Kontrollzwang und seine ständige Kritik einstellen.
Sehr gerne stellt der Narzisst seine Fehler auch als die des Partners dar-er selbst ist ja perfekt und macht keine Fehler! Auch die Freundschaft zu einem Narzissten ist nicht einfach. Gerne nutzen sie den

Freund aus und verlangen Gefälligkeiten, ohne selbst etwas dafür zu geben.

Narzissten sind sehr oberflächliche Menschen, welche sich nicht die Mühe machen, einen Menschen und dessen wahres Wesen richtig kennenzulernen. Für den Narzissten sind Macht und Schönheit die wichtigsten Attribute und nach diesen werden auch andere Menschen beurteilt. Sehr gerne umgeben sich Narzissten mit den Schönen, Reichen und Mächtigen. Ihrer Meinung nach stehen nur diese Persönlichkeiten mit ihnen auf gleicher Augenhöhe und sind daher ihrer Gesellschaft würdig. Dies verleiht dem Narzissten zusätzlich einen arroganten Touch.

Der Narzisst sieht sich immer als das Opfer. Nach außen demonstrieren sie ein enormes Selbstbewusstsein, doch können sie einmal eine Situation nicht kontrollieren oder entspricht ein Umstand nicht ihrer Meinung, so fühlen sie sich schlecht und unfair behandelt.
Dementsprechend trifft die Schuld niemals den Narzissten, sondern immer seine Umwelt bzw. seine Mitmenschen.

Narzisstische Personen haben sehr wenig Selbstbewusstsein. Ihrer Umwelt präsentieren sie sich gerne als besonders selbstsicher und selbstbewusst, doch dies ist eigentlich nur ein Schutzmechanismus.
Das übertriebene Selbstwertgefühl des Narzissten ist seine größte Bastion gegen die ungerechte Außenwelt.

Wie gehe ich mit einem Narzissten um?

Vielleicht gehören sie ja zu der Gruppe von Menschen, welche einen Narzissten im direkten Umfeld haben. Das muss nicht unbedingt der Partner sein, es kann auch der Freund oder der Arbeitskollege sein. Haben Sie diese Person als Narzissten entlarvt-dann herzlichen Glückwunsch!
Das ist schon der erste wichtige Schritt im Umgang mit einem Narzissten. Möchte man wissen, wie man am besten mit einem Narzissten umgeht, ist es unerlässlich, diesen auch als solchen zu erkennen. Nur dann können Sie bewusst darauf reagieren-ohne Erkennen kommen Sie immer in Situationen, in welche Sie unbewusst hineingeraten sind.
Nur wenn Sie den Narzissten zweifelsfrei als solchen entlarven, können Sie feststellen, dass Sie von ihm immer nur getäuscht und benutzt wurden. Nun können Sie sich bewusst überlegen, ob eine Weiterführung der Beziehung/Freundschaft noch einen Sinn für Sie hat oder Sie lieber einen anderen Weg für sich einschlagen wollen. Die folgenden elf Ratschläge zum Umgang

mit Narzissten können ihnen helfen, einen erträglichen Umgang mit dem Narzissten zu führen.

1. Sagen Sie „Nein" zu dem Narzissten. Da diese Menschen Meister der Manipulation sind, verfallen ihnen sprichwörtlich die Menschen. Der Narzisst nimmt jeden Raum für sich ein, er erzeugt eine Aura des Großartigen um sich und möchte eine möglichst große Anhängerschaft (ja, er sucht Fans, keine Freunde!) um sich scheren.
Nur dann ist er wirklich zufrieden und vielleicht auch glücklich. Grenzen Sie sich davon ab, indem Sie sich bewusst dem Narzissten entziehen, sozusagen aus seinem Bannkreis ausbrechen. Machen Sie dem Narzissten unmissverständlich klar, dass Sie eine eigene Meinung, eigene Bedürfnisse und auch eine individuelle Grenze haben.
Stehen Sie den Aussagen des Narzissten immer kritisch und mit dem notwendigen Abstand gegenüber und erhalten Sie sich ihre Individualität!

2. Halten Sie dem Narzissten den Spiegel vor! Möchte er mit seiner Show wieder

alle Personen für sich einnehmen, so werfen Sie kritische Äußerungen ein.
Das könnte in etwa so lauten: „Meinen Sie wirklich, dass dies eine außergewöhnliche Leistung war?" „Übertreiben Sie nicht etwas bei ihrer Schilderung?" „Waren Sie echt der erste Mensch, dem dieses gelungen ist?"
So oder so ähnlich können Sie das Gesagte des Narzissten ins Lächerliche ziehen und ihm damit Grenzen aufzeigen. Doch, hier ist Vorsicht angebracht, denn der Narzisst verträgt Hohn und Spott an seiner Person überhaupt nicht gut und kann sehr irrational darauf reagieren. Wenn Sie sich für diese Methode entscheiden, dann seien Sie auf eventuell heftige Gegenreaktionen gefasst!

3. Sehen Sie wirklich hin! Nehmen Sie dem Narzissten die Macht über sich, indem Sie sein innerstes Selbst erkennen. Haben Sie erst einmal die wahren Gründe verstanden, warum der Partner/Freund eine narzisstische Persönlichkeit hat, dann entzaubern Sie dieses Allmächtige Wesen und Sie können wesentlich entspannter mit ihm umgehen.

4. Versuchen Sie auch einmal zu loben. Das mag sich vielleicht doof anhören, da dies ja das Lebenselixier des Narzissten ist, doch im Umgang mit diesen Menschen kann ein ernstes, ehrliches, zur richtigen Zeit gesprochenes Lob Wunder bewirken. Hier müssen Sie jedoch Fingerspitzengefühl beweisen, denn, wenn Sie es übertreiben wird er Narzisst ihnen nicht einmal Gehör schenken. Er wird Sie durchschauen und Sie sinken in seiner Achtung. Lassen Sie das Lob jedoch ganz weg, so wird er mit Zorn und Gereiztheit darauf reagieren und das ist nicht der Sinn dahinter.
Hier gilt es ein ehrliches, authentisches Lob an der richtigen Stelle zu platzieren. Dies wird Sie in den Augen des Narzissten in eine höhere Position befördern und er wird Sie auf seine Art mehr respektieren.

5. Bleiben Sie Sie selbst-mit all ihren Überzeugungen, Wahrheiten und Meinungen. Vertreten Sie ihre Meinung und lassen Sie sich nicht von einem Narzissten etwas anderes einreden. Werden Sie zu einer Entscheidung gedrängt, so erbeten Sie sich Bedenkzeit. Tun Sie dies nicht, wird der Narzisst all ihre Zweifel und Skepsis

zerreden und Sie mit seiner Meinung infiltrieren. Bewahren Sie sich ihre individuelle Art und Weise und lassen Sie sich zu nichts hinreißen, zu nichts drängen.

6. Versuchen Sie nicht einen Narzissten zu therapieren. Gerade Frauen haben von Natur aus das Mutter-Teresa-Gen. Sie wollen allem und jedem helfen, ob in Not oder nicht.
Nun ist das bei dem Narzissten aber so, dass er sich ja gar nicht als therapiebedürftig sieht, schließlich ist er ja der perfekte Mensch! Er kann nicht erkennen, was er anderen mit seinem Gehabe und Getue eigentlich antut und ist eigentlich eher der Meinung, dass alle außer ihm einer Therapie bedürften.
Lassen Sie also etwaige beabsichtigte Therapieversuche bleiben, ansonsten werden Sie als geschädigt aus diesem Versuch herausgehen und selbst eine Therapie benötigen.

7. Zeigen Sie ganz klar und unmissverständlich ihre Grenzen! Zeigen Sie dem Narzissten, dass Sie nicht alles mitmachen.
Nur so werden Sie ihn dazu bringen,

rücksichtsvoller mit ihnen und ihren Gefühlen umzugehen. Bleiben Sie dabei aber immer sachlich und höflich-aber auch in jeder Minute konsequent.

8. Suchen Sie den Kontakt zu anderen Menschen! Da der Narzisst keinerlei Empathie für andere Menschen hat, kann er sich auch nicht auf sie einlassen.
Er kann ihnen keine Nähe, Emotion oder Liebe geben-auf Dauer zehrt das einen Menschen aus. Sie werden emotional unterversorgt und auf lange Sicht wird Sie das zerbrechen (keine Pflanze gedeiht, wo die Sonne fehlt). Suchen Sie also, so soft es ihnen möglich ist, die Gegenwart von Menschen auf. Menschen, welche ihnen emotional und geistig all das bieten können, was der Narzisst nicht in der Lage ist zu geben.
Wählen Sie jedoch unbedingt Personen aus, welche ihr Selbstbewusstsein stärken können und sie so akzeptieren, wie Sie sind.

9. Versuchen Sie, sich nicht für einen Narzissten aufzureiben. Sie können eh nichts zu seiner Zufriedenheit erledigen, also verzweifeln Sie nicht bei den Versuchen.

Vielleicht stellen Sie ihn mit einigen Dingen für einen kurzen Moment zufrieden, doch dauerhaft werden Sie es ihm nicht recht machen können. Er ist fast schon süchtig nach der Bestätigung, besser und überlegener als andere Menschen zu sein und dies erreicht er dadurch, dass er diesen Menschen schonungslos ihre eignen Schwächen vorhält.
Auch, und vor allem ihnen!

10. Haben Sie nicht zu viele Erwartungen an den Narzissten. Da der Narzisst keine Empathie für andere Menschen hat, werden Sie bei ihm weder Trost, Verständnis oder emotionale Wärme finden können. Geht es jedoch um sachliche Dinge oder benötigen Sie einen Rat, dann kann der Narzisst durchaus ein kompetenter Ansprechpartner sein. Suchen Sie aber Unterstützung auf emotionaler Ebene, so suchen Sie die beim Narzissten vergeblich. Hier ist es sinnvoll, vielleicht einen guten Freund zu haben oder einen nahestehenden Verwandten, bei welchem Sie sich emotionale Zuwendung und Beratung suchen können.

11. Hören Sie dem Narzissten zu!
Was er absolut nicht brauchen kann ist,
wenn ihm das Gegenüber nicht zuhört.
Dies setzt er mit der Ignoranz seiner eigenen Person gleich und gegen diesen Affront muss er mit allen ihm zur Verfügung stehenden Mitteln vorgehen.
Hängen Sie also in der Zeit, welche Sie mit einen Narzissten verbringen, ständig an seinen Lippen und hören Sie ihm aufmerksam zu. Natürlich ist das sehr anstrengend und es braucht vielleicht ihre ganze Kraft, dies die ganze Zeit ihres Beisammenseins durchzuhalten, doch es ist ein wichtiger Rat im Umgang mit einem Narzissten.

Natürlich ist dies alles kein „Allheilmittel",
doch wenn Sie diese 11 Tipps beherzigen,
können Sie einigermaßen unbeschadet
aus den Treffen mit einem Narzissten herausgehen.
Natürlich kann der Narzisst auch noch auf andere Weisen agieren und reagieren, doch mit diesen Ratschlägen sind Sie bestens gerüstet. Bewahren Sie sich auf jeden Fall ihre eigene Meinung und Überzeugung, lassen Sie sich von ihm nicht in eine Schublade stecken und bleiben Sie immer sachlich und empathisch mit dem

Narzissten.
Versuchen Sie, seine Handlungsweisen unter Beachtung seiner krankhaften Persönlichkeitsstörung zu sehen und auch so zu verstehen. Grenzen Sie sich ab von seinen Überzeugungen und seiner Weltanschauung und bewahren Sie sich ihre Einzigartigkeit-aber respektieren Sie auch die des Narzissten.

Wie gehe ich mit meinem narzisstischen Chef um?

Es wird wahrscheinlich fast nichts schlimmeres geben, als wenn der direkte Vorgesetzte narzisstische Züge trägt oder gar ein ausgewachsener Narzisst ist.
Doch, keine Sorge, auch damit werden wir uns nun befassen und ihnen vielleicht so ganz neue Wege aufzeigen, wie Sie mit ihrem narzisstischen Chef in Zukunft harmonisch umgehen können. Denn, ein Chef ist eben auch nur ein Mensch und kein Überwesen, das es zu fürchten gilt, nicht einmal, oder besonders, wenn er ein Narzisst ist.

- Nehmen Sie die „emotionalen Ausbrüche" ihres Chefs nicht persönlich. Sagen Sie sich in Gedanken immer wieder, dass nicht Sie der Grund für seine Entgleisungen sind.
Halten Sie sich vor Augen, dass ihr Chef eine Krankheit hat, die ihn zu so etwas drängt. Machen Sie sich immer wieder klar, dass auch Sie Stärken und Kompetenzen haben und lassen Sie sich von ihrem Vorgesetzten nichts anderes einreden.

Gehen Sie nicht auf seine Provokationen ein, bleiben Sie in Diskussionen stets sachlich und lassen Sie sich zu nichts hinreißen, was Sie später vielleicht bereuen werden. Bleiben Sie in einer Diskussion oder in einem Streitgespräch immer ihren Überzeugungen treu und machen Sie das auch ihrem Vorgesetzten klar.

- Gestehen Sie sich ein, wenn es keinen Sinn mehr macht an ihrem jetzigen Arbeitsplatz weiterhin zu arbeiten. Fühlen Sie sich dauerhaft unwohl und leidet ihr Selbstwertgefühl unter ihrem narzisstischen Chef, so sehen Sie sich nach einer anderen Arbeitsstelle um.
Leichter gesagt, als getan, werden Sie nun sagen und damit haben Sie auch recht, doch was nützt es ihnen, sich krampfhaft an einen Job zu klammern, bei dem im Endeffekt Sie den Schaden davontragen?

Ziehen Sie rechtzeitig die Reißleine und befreien Sie sich aus dem Dunstkreis des Narzissten, nur so können Sie wieder Zufriedenheit und innere Ausgeglichenheit erreichen und ihren Seelenheil erhalten.

- Seien Sie im Umgang mit dem narzisstischen Chef immer höflich und respektvoll. Dies mag ihnen vielleicht manchmal sehr schwer fallen, vor allem, wenn er Sie ständig mit seinen Ausbrüchen terrorisiert. Lassen Sie sich nicht von ihren Gefühlen zu unüberlegten Äußerungen oder Handlungen hinreißen, welche Sie im Nachhinein bitter bereuen werden. Folgen Sie jeder seiner Anweisungen, auch wenn Sie sie nicht verstehen oder für gut heißen können.
Stimmen Sie seinen Aussagen immer zu und geben Sie ihm seine dringend benötigte Anerkennung. Wenn Sie weiterhin diesen Job behalten wollen, so vermeiden Sie auf jeden Fall offene Kritik an ihrem Vorgesetzten.

- Wenn Sie eine gute Idee haben, so vermitteln Sie ihrem Chef, dass diese von ihm stammt. Lassen Sie ihn die Lorbeeren einstreichen!
Erwarten Sie dann aber bitte kein Dankeschön von ihrem Vorgesetzten, denn dieser denkt, die Idee stammt tatsächlich von ihm alleine. Jedoch kann und wird er die (ihre) Idee nicht schlecht machen oder Sie aus Neid angreifen.

- Wollen Sie ihren Vorgesetzten doch einmal kritisieren, so tun Sie das nie offen. Versuchen Sie sich erst mit einem Lob und bringen Sie ihre Kritik dann ganz vorsichtig und mit viel Fingerspitzengefühl vor.
Geben Sie ihm keinen Grund, an ihrer Loyalität zu zweifeln. Vermitteln Sie ihm das Gefühl, dass Sie ganz und gar hinter ihm und seinen Überzeugungen stehen, ansonsten kann es ihnen passieren, dass er ihre Ideen in der Luft zerreißt und Sie zum Teufel jagt.

- Nehmen Sie Frust, Ärger und Wut nicht mit nach Hause! Wenn ihr Chef Sie wieder als sein Opfer auserkoren hat, so fügen Sie sich nicht in diese Rolle.
Erkennen Sie, dass seine Attacken nicht gegen Sie persönlich gerichtet waren, sondern Teil seiner Erkrankung sind. Suchen Sie für sich persönlich einen Weg, mit diesen Kränkungen umzugehen. Lenken Sie sich bewusst von diesen negativen Dingen ab, indem Sie vielleicht nach Feierabend ins Gym gehen, sich mit Freunden oder der Familie treffen oder sich einen schönen Film zuhause anschauen.
Tun Sie alles das, was Sie von diesen Gedanken abhält und genießen Sie ihre freie

Zeit nach ihrem Willen, ohne an den ungerechten Chef zu denken.

- Räumen Sie sich bei wichtigen Entscheidungen Bedenkzeit ein. Falls ihr Vorgesetzter Sie mit seinen Argumenten und eventuell auch unter Druck zu einer Entscheidung drängen will, so erbitten Sie sich eine Nacht Bedenkzeit.
So können Sie, ohne die störenden Überzeugungen ihres Vorgesetzten, in Ruhe über ein Angebot oder eine Entscheidung nachdenken und lassen sich nicht zu unüberlegten Handlungen oder Aussagen hinreißen.
Sind Sie sich bei einer Sache jedoch absolut sicher, dann können Sie dies natürlich sofort kundtun.

- Schätzen Sie ihre Grenzen realistisch ein! Menschen mit einem narzisstischen Wesen neigen dazu, immer neue und höhere Ziele anzustreben.
Ein Limit kennen sie nicht. Ihre für sie arbeitenden Menschen betrachten sie hierbei als ihr Eigentum und so werden diesen immer größere Aufgaben und Herausforderungen übertragen, ungeachtet ob derjenige dies zu leisten überhaupt im Stande

ist.
Fällt einer aus der Reihe und zieht nicht mit (aus welchen Gründen auch immer, das interessiert den Narzissten nicht), so wird er kurzerhand durch jemanden anderes ersetzt.
Genau diese Praxis verleiht dem narzisstischen Chef eine ungeheure Macht über seine Angestellten, da jeder Angst haben muss, der Nächste zu sein, der gefeuert wird. Setzen Sie deshalb konsequent und sachlich ihre Grenzen und lassen Sie sich nicht ausnutzen.
Lassen Sie sich nicht über ihre eigene Leistungsgrenze hinaus beanspruchen und bleiben Sie ihrem persönlichen Tempo gegenüber treu. Nur so werden Sie erfolgreich verhindern können, dass Sie selbst der Therapie bedürfen, da Sie sich in einem Burn-out befinden.
Vorsichtig sollten Sie immer sein, wenn Sie eine neue Arbeitsstelle antreten und feststellen, dass im zukünftigen Betrieb eine hohe Fluktuation herrscht.

Besonders seien hier die Ergebnisse von Studien an der Friedrich-Alexander-Universität in Erlangen-Nürnberg zu nennen, wonach mit steigendem Narzissmus in der

Führungsebene die Bereitschaft des Unternehmens zunimmt, neuen Technologien zu nutzen.

Diese Bereitschaft steigt dann nochmals, wenn die neuen Technologien von der breiten Masse als segensreich, aber mit Risiken behaftet wahrgenommen wird. Untersucht wurden die sogenannten „diskontinuierlichen Innovationen".

Dies sind Ideen (Technologien), welche dem derzeit herrschenden Geschäftsmodell nicht zu entsprechen scheinen-damit haben diese diskontinuierlichen Innovationen das Leistungsvermögen, ganze Märkte zu verwirren. Dabei ist die Entscheidung für oder gegen die Innovationen (mehr als bisher vermutet) von der Persönlichkeit des Chefs anhängig.

Der weitere Vorteil, der in diesen neuen Technologien liegt ist, dass darüber vermutlich viel in der Presse berichtet wird. Der narzisstische Chef kann also davon ausgehen, hier wieder eine große Bühne für seine Show zu bekommen.

Auch denkt der CEO, der in neue Technologien investiert, dass andere CEOs sowieso nicht mit diesen umgehen können-das kann alleine nur er! Grundsätzlich ist es für ein Unternehmen ja nicht schlecht, wenn der Chef etwas risikofreudig ist und gerne neuen Pfaden folgt. Solange alles noch überschaubar ist und der Chef der Firma damit keinen Schaden zufügt.

Da jedoch, wie wir wissen, der Narzisst gerne zu Übertreibungen und Größenwahn neigt, ist das alles mit Vorsicht zu genießen. Bewährt hat sich in solch einem Fall, wenn der Chef nicht das alleinige Sagen hat, wenn er jemanden hat, der rechtzeitig das Ruder herumreißen kann. Wenn es sich aber um einen pathologischen Narzissten handelt, so wird er sich auch von einer anderen Person nichts sagen lassen und wird diese Person vielleicht nicht einmal anhören. Auch kann es sehr gut möglich sein, dass der Mitarbeiter, der vielleicht etwas kritisch ist und dies auch äußert, ganz schnell seinen Job los sein kann.

Dies ist also alles nur mit sehr viel Fingerspitzengefühl und mit Vorsicht voranzutreiben.

Narzissmus in der Beziehung

Wir alle sind nicht davor gefeit, uns vielleicht in einen Narzissten zu verlieben. Kein Mensch hat es schließlich auf der Stirn stehen, wenn er narzisstische Eigenschaften hat. Und Narzissten können durchaus sehr charmante, humorvolle und geistreiche Gegenüber sein-auf den ersten Blick.
Hat man jedoch erst einmal diese äußere Fassade durchbrochen und nun das wahre Wesen des oder der Liebsten offenbart, so ist es meist schon zu spät und man steckt in einer Beziehung und ist vielleicht schon hoffnungslos in den Anderen verliebt. Geht man eine Beziehung zu einem

Narzissten ein, so kann sich das zu einer wahren Tortur entwickeln. Der scheinbar geliebte Partner wird vom Narzissten beleidigt, abgewertet, gedemütigt und beschuldigt-nur so kann er seine Großartigkeit hervorheben.

Der Partner ist dabei oft wie gelähmt und nicht zu einer angemessenen Reaktion im Stande. Was können Sie also erwarten, wenn Sie sich auf einen Narzissten einlassen? Lesen Sie selbst....

1. Demütigungen und Kränkungen:
Um seine Macht über andere zu festigen und andere klein zu halten, versucht der Narzisst, durch andauernde Kränkungen, das Selbstwertgefühl desjenigen aus dem Gleichgewicht zu bringen.

So schafft er eine Atmosphäre des Hasses, der Wut und der Ohnmacht und erreicht, dass das Gegenüber von Schuldgefühlen geplagt wird und unglücklich ist.

2. Verlust der eigenen Meinung und Objektivität:
Der Narzisst manipuliert und redet so lange auf sein Gegenüber ein, bis dieser sich dessen Meinung und Überzeugung komplett unterordnet.

Er sieht andere als sein Eigentum und überschreitet dabei willentlich und wissentlich andauernd ihre Grenzen. Durch seine sachliche und schier unerschöpfliche Argumentation fällt es einem schwer, ihm nicht zu folgen.
Die starke Person des Narzissten macht es einem fast unmöglich, sich aus seinem Dunstkreis zu befreien und die eigene Objektivität nicht aus den Augen zu verlieren.

3. Kontraproduktivität:
Der Narzisst ist von Natur aus ein Kontrollfreak. Er möchte und muss überall mit einbezogen werden, will mitbestimmen und mitentschieden.
Anderen Menschen gewährt er keinen Raum für eine individuelle Entfaltung. Er möchte seine Ideen und Vorschläge um jeden Preis durchsetzen, die Meinung der Anderen interessiert ihn dabei nicht.
Muss man mit einem Narzissten in einem Team zusammenarbeiten, so entsteht selten ein wahres Zusammengehörigkeitsgefühl, meist ist die Show auf den Narzissten begrenzt.

4. Selbstaufopferung:
Der Narzisst erwartet und setzt voraus, dass sich alles nur nach seinen Bedürfnissen und Vorstellungen richtet. Die Ansprüche des Partners oder Kollegen erkennt der Narzisst nicht an und tritt sie mit Füßen.
Wenn Sie einen narzisstischen Partner haben, so werden Sie kein eigen bestimmtes Leben mehr führen können! Sie werden ständig und allzeit vom Narzissten für seine Belange beansprucht und eingespannt, ihr eigenes Leben können Sie so aufgeben.

5. Freudloses Leben:
Das Zusammensein mit einem Narzissten ist anstrengend, kräftezehrend und auf Dauer fast nicht zu bewältigen.
Die ständigen Attacken, die Demütigungen und Schuldzuweisungen nagen mit der Zeit gehörig am Selbstwertgefühl und wenn man dann keine Möglichkeiten bekommt, um sich und seine Ansichten frei leben zu können, dann kann schon einmal die Lebensfreude auf der Strecke bleiben. Lassen Sie es nicht so weit kommen, handeln Sie vorher schon!

6. Identitätsverlust:

Der Narzisst als Meister der Manipulation kann aus einem Menschen durch geschicktes Intervenieren einen ganz anderen Charakter erschaffen, als dieser ursprünglich hatte.

Durch immer neue Manipulationen von ihm wird sein Umfeld dazu getrieben, Dinge zu tun oder zu sagen, welche sie ohne seine Eingebungen niemals getan oder gesagt hätten. Werden Personen befragt, welche sich gerade aus dem Bannkreis eines Narzissten befreit haben, warum sie dies oder jenes getan haben, so können die es meist gar nicht rational erklären.

Sie fühlten sich fast wie „ferngesteuert".

7. Adieu Lebensenergie:

Wird man, tagein, tagaus, gedemütigt, entwertet und muss sich ständig unterordnen, erfährt keine Liebe, Achtung, Respekt und Wohlwollen, so geht man daran zugrunde, die Lebensenergie erlischt.

Folge dessen sind matte Augen, ein grauer Teint, ein müdes Erscheinungsbild, platte Haare und eine demonstrierte, sichtbare Unzufriedenheit.

Diese negative, pessimistische Haltung

begünstigt nachweislich körperliche Beschwerden, psychischer und physischer Natur.

8. Unkalkulierbare Risiken:
Narzissmus und Größenwahn gehen meist Hand in Hand einher, vor allem, wenn dem Narzissten keinerlei Grenzen aufgezeigt werden und er aus vergangenen Erfolgen genug Selbstbewusstsein ziehen konnte, dass er sich in einem wahren Höhenrausch befindet.
Hat der Narzisst dieses Stadium erreicht, so ist er zu einer tickenden Zeitbombe mutiert, die völlig unkalkulierbare, irrsinnige Risiken eingeht und damit jeden mitzieht, der im selben Boot sitzt.
Im Falle einer Geschäftsbeziehung kann hier auch mal der komplette Ruin im Raum stehen.

Sie sind kein Narzisst, wenn.....

Bis jetzt haben wir immer nur davon geredet, was einen Narzissten charakterisiert. Nun wollen wir einmal die Eigenschaften eines Menschen beleuchten, der so gar keine narzisstischen Züge in sich trägt. Sie werden sicher welche an sich erkennen können und dann daraus ihre Schlüsse ziehen.

- Sie können sich aus vollem, tiefsten Herzen für ihre Mitmenschen freuen! Sie gönnen anderen Menschen ihre Erfolge und können mit ihnen feiern.
Sie teilen gerne die Freude einer anderen Person und sind dabei ehrlich und wahrhaft. Narzissten ist solch ein Gefühl für andere Menschen fremd.
Sie missgönnen jedem, außer sich selbst, einen Erfolg und fragen sich in dem Falle dann lieber, wie sie auch ihr Stück des Kuchens ab bekommen können.

- Sie können zuhören! Sie plappern nicht ständig über sich und ihre erreichten Erfolge und ihre eigene Herrlichkeit,

sondern hören ernsthaft und interessiert ihrem Gegenüber zu und lassen ihm auch Raum zum Reden.
Sie unterbrechen den Anderen nicht und zeigen ernstes Interesse an seinen Worten. Dies macht Sie zum angenehmen Gesprächspartner und Sie müssen sich nicht sorgen, ein Narzisst zu sein.

- Sie können Hilfe annehmen und auch darum bitten! Für den Narzissten wäre dies undenkbar, käme es doch einer Kapitulationserklärung gleich.
Da der Narzisst von sich ja denkt, dass er alles kann und auch noch besser als alle anderen, käme er niemals auf den Gedanken, jemanden um Hilfe zu bitten.
Sie jedoch können und tun das und es macht ihnen nichts aus, auch einmal zuzugeben, dass Sie eine Sache nicht können und Hilfe dabei benötigen.

- Sie können einen Fehler zugeben und kennen ihre Schwächen! Ein Narzisst macht per se keine Fehler, also muss er auch nichts eingestehen.
Wenn seine Arbeit doch einmal fehlerhaft sein sollte und andere dies bemerken und ansprechen, so wird er diesen Fehler

gekonnt einem Anderen in die Schuhe schieben und dann auch noch darauf herumreiten und seine Show abziehen.

- Sie haben einen großen Freundeskreis.
Dies zeigt eindeutig, dass sie keine narzisstische Person sind. Haben Sie einen sehr breit gefächerten Freundeskreis mit ein paar handverlesenen guten Freunden, dann, herzlichen Glückwunsch!
Wären Sie ein Narzisst, dann hätten ihre (besten) Freunde das längst bemerkt und sich von ihnen abgewendet. Narzissten investieren ungern in Beziehungen, möchten immer nur aus ihnen das für sie Beste herausziehen.
Narzissten können, aufgrund ihrer Erkrankung, keine tiefen, langfristigen Freundschaften pflegen. Narzissten haben keine Freunde, nur Bekannte.

- Sie können Verantwortung abgeben.
Der Narzisst als das Maß der Dinge kann und macht natürlich alles besser als andere Menschen (Kollegen). Daher kann er keine Verantwortung abgeben. Lieber brütet er tagelang über einer Aufgabe, als Teile davon abzugeben oder Kollegen mit einzubeziehen.

Dies legt den Hauch der Arroganz über diese Sache und die Teamleistung wird nachhaltig darunter leiden.

- Sie spielen keine Rolle! Sie sind zu 100% reell und müssen sich nicht verstellen, um einen Vorteil zu erreichen.
Der Narzisst liebt den großen Auftritt und das Rampenlicht und führt dafür oft eine gut einstudierte Show auf, um im rechten Licht zu stehen. Sie haben dies aber nicht nötig, denn Sie sind authentisch und echt. Bleiben Sie genauso!

Männlicher und weiblicher Narzissmus - wo ist der Unterschied?

Natürlich ist jedem unter ihnen klar, dass nicht nur Männer Narzissten sein können und sind. Frauen sind genauso davon betroffen.
Jedoch verhalten sich die Geschlechter unterschiedlich. Männliche Narzissten protzen gerne und stellen ihre Erfolge gern in materieller Hinsicht heraus. Weibliche Narzissten hingegen streben nach Perfektion, Leistung und Schönheit. Dabei sind weibliche Narzissten oft zerrissen - einerseits befinden sie sich in einem Zustand des Größenwahns und andererseits werden sie von Minderwertigkeitskomplexen geplagt.
Bei den Frauen spricht man gerne vom verdeckten Narzissmus, wohingegen der männliche als offener Narzissmus betitelt wird. Im Grundsatz sind sich aber beide Formen gleich: alles dreht sich um den Narzissten!

Der weibliche Narzisst ist ständig bemüht zu erfahren, wie sie bei den Anderen

beliebt sein kann und gut ankommt.
Hat sie einmal den großen Auftritt geschafft und ihre Show perfekt inszeniert, so fühlt sie sich als die Größte. Diese Frau wird fortan denken, dass sie nur gemocht wird, wenn sie etwas Besonderes ist und darstellt. Besonderes Augenmerk richtet sie dabei auf ihre äußere Erscheinung. Sie strebt nach Schönheit, Jugendlichkeit und Schlankheit.
Weht ihr aber einmal ein anderer Wind entgegen und sie wird wegen etwas kritisiert oder es wird sich über sie lustig gemacht, so stürzt die Fassade in sich zusammen und das Selbstbewusstsein ist dahin.
Weibliche Narzissten kompensieren ihre Defizite auch gerne mit essen bzw. mit hungern. Diesen Frauen heißt es wieder beizubringen, dass sie nicht wegen äußerer Attribute gemocht werden, sondern um ihretwillen.
Haben Sie in ihrem Umfeld einen weiblichen Narzissten, so stärken Sie diese Person! Machen Sie ihr klar, dass sie wertvoll ist, so wie sie eben ist.

Die Merkmale des weiblichen Narzissmus sind geprägt durch ein weibliches

Rollenverständnis, passive Aggressivität, eine übertriebene Anpassung bis hin zur Selbstaufgabe.
In einer Partnerschaft suchen diese Frauen oft nur die fehlende Elternfigur, nicht aber einen Partner auf Augenhöhe. Lernt man einen weiblichen Narzissten kennen, so strahlen diese Frauen ein unglaubliches Selbstbewusstsein aus, scheinen sehr cool und souverän.
Sie treten Männern gegenüber als Vamp auf und spielen ihre weibliche Seite voll aus. Diese Frauen finden sich häufig in Führungspositionen und sind meist das, was man eine Karrierefrau nennt.
Im Job stehen sie ihren Mann, jedoch im Privaten sieht es meist ganz anders aus. Sie tun alles, um den Partner zufrieden zu stellen und fügen sich ganz in das klassische Frauenbild ein. Sie sind nicht gerne allein, weshalb sie mit aller Macht an einer bestehenden Beziehung festhalten. Notfalls opfern sie sich komplett, um einen Mann bei sich zu halten.
Weibliche Narzissten sind oft depressiv, pessimistisch und negativ und sie lassen ihren Gegenüber meist mit einem schlechten Gefühl zurück.

Der männliche Narzisst hingegen geht ganz in dem männlichen Rollenbild in einer Beziehung auf. Er ist bestrebt, immer und überall die Kontrolle zu haben, auch über andere Personen.
In Beziehungen zeigt er sich gerne distanziert und emotionslos.
Wird er kritisiert, gekränkt oder verspottet, so zeigt er sein wahres Gesicht und seine Aggressivität gegen andere kommt voll zum Vorschein.

Ein Narzisst trägt immer beide Seiten des Narzissmus in sich-den weiblichen und den männlichen. Je nach Situation kann die eine oder die andere Seite dominieren und zum Vorschein kommen.

Wie erziehe ich mein Kind zu einem Narzissten?

Narzissmus ist auch unter Kindern und Heranwachsenden ein immer öfter zu beobachtendes Persönlichkeitsbild.
Schuld daran sollen auch hier wieder die Eltern sein.
Doch stimmt das auch?
Kann man durch Erziehung bzw. Verziehung einen Narzissten prägen? Dieser Frage hat sich ein internationales Forscherteam angenommen und mit 565 niederländischen Kindern und deren Eltern eine Studie durchgeführt. Die Erziehungswissenschaftler und Psychologen befragten die teilnehmenden Familien zwei Jahre lang, alle sechs Monate.

Die Auswertungen ergaben, dass genau die Kinder narzisstische Züge aufwiesen, die von ihren Eltern als etwas Besonderes beschrieben wurden.
Die Kinder werden vergöttert und sie kennen keine Grenzen oder Regeln. Dies führt sich dann später im Kindergarten und in der Schule weiter: die Kinder beharren strikt auf ihrem Standpunkt und weichen

auch nach mehrmaligen Zurechtweisungen nicht davon ab.
Der Grund hierfür könnte darin liegen, dass die Eltern Angst haben, ihre Kinder zu hart anzufassen und zu sehr zu reglementieren. Sie denken, den Kindern etwas zu verwehren und lassen sie tun, was immer sie wollen. Schließlich sollen es die lieben Kleinen einmal besser haben, als man selbst und die Kinder sollen stellvertretend all dies tun, was den Eltern verwehrt ist bzw. verwehrt war.
Doch, diese „Erziehungsmethode" bewirkt bei den Heranwachsenden nur eines- diese werden unempfänglich für das Gesagte der Eltern, schalten auf Durchzug, werden aufsässig und wenden sich am Ende ganz von ihren Eltern ab.
Anlehnung und Leitung suchen diese Kinder dann in Cliquenmitgliedern, welche etwa im selben Alter sind. Welche Führung kann ein etwas älterer Mensch denn solchen Kindern schon bieten? Keine! Dieses Phänomen wird sich bis in ein paar Jahren in seiner Gänze offenbaren und unsere Gesellschaft könnte immer narzisstischer und kälter werden.

Narzissmus

Die Heranwachsenden aber, die gelernt haben, immer alles zu bekommen und nichts dafür tun zu müssen, wachen irgendwann einmal ganz heftig aus ihrem Traumland auf.

Spätestens in der Schule, die geprägt ist von Leistungsdruck und Konzentration, wird es dann unweigerlich zu ersten Frustrationen beim Kind kommen. Die Kleinen werden zornig, da sie nicht mehr für ihre Leistungen mit überschwänglichem Lob überschüttet werden und dieser Zorn sucht sich dann ein Ventil.

Meist sind es die Eltern oder die Lehrer, welche die ganze Frustration abbekommen. Die Eltern steigern sich dann immer mehr in ihre Fürsorgerolle und haben irgendwann nicht mehr den Mut, den Sprössling darauf hinzuweisen, dass die elterliche Unterstützung nicht ein Leben lang gewährt wird. Wird der junge Mensch damit konfrontiert, nun endlich auf eigenen Beinen zu stehen, erschüttert dies ihn bis ins Mark.

Sein ganzes Leben lang war er es gewohnt, dass alles für ihn getan wurde und er auf Händen getragen wurde, fast Gottgleich fühlte er sich. Nun wird er fallen gelassen wie eine heiße Kartoffel und fühlt

sich hintergangen. Viele Kinder wenden sich in solchen Phasen ganz von den Eltern ab. Diese lebten vielleicht bis dahin in dem frommen Wunsch, dass ihre Kinder sie bedingungslos lieben-da sie ja alles für diese Kinder getan haben.
Doch Kinder müssen nicht mit Liebe und Aufmerksamkeit erdrückt werden, Kinder brauchen Sicherheit, klare Grenzen und Regeln, damit sie sich später, im Leben, behaupten können.

Woran erkennt man einen Mini-Narzissten?

Bei den Heranwachsenden mit narzisstischer Persönlichkeitsstörung ist es nicht anders, als bei einem bereits Erwachsenen. Auch er hält sich für besser, klüger, schöner und großartiger als sein ganzes Umfeld.
Alles was sie tun ist immer perfekt und sie erwarten ständiges Lob. Die eigenen Leistungen werden als besonders und wertvoll angesehen, oft gehen Phantasien über Macht und Einfluss damit einher.
Gefühle anderer Menschen sind ihnen völlig egal, sie sind emotional total abgestumpft und kennen keine Empathie für andere Geschöpfe.

Nur ihr Tun und Handeln ist das einzig richtige und sie erwarten ständige Bestätigung dafür. Diese ständige Bestätigung (das Lob) führt nun aber dazu, dass diese Kinder sich als besonders und überlegen wahrnehmen.
Die Eltern stellen so ihr Kind über die anderen Kinder und ebnen so dem Narzissmus den Weg. Ständiges, unangebrachtes

Loben bringt demnach die meisten Kinder mit narzisstische Prägungen hervor.
Auch birgt das ständige Loben des Kindes (etwa: „Das hast du aber besser gemacht, als der XY", oder „Du bist viel hübscher als die YX") die Gefahr, dass die Kinder sozusagen auf diese Aussagen konditioniert werden. Kinder glauben, was ihre Eltern sagen und hinterfragen nichts. Wird dem Kind also unaufhörlich das Mantra vorgesagt, dass es besser und schöner als die anderen Kinder ist, dann glaubt das Kind dies und das wird es auch nach außen tragen.

Diese Kinder haben nie gelernt, zu Fehlern und Schwächen zu stehen und daran zu wachsen. Sie werden es auch nie lernen, da diese Kinder darauf programmiert wurden, dass sie keine Fehler machen. Andere Kinder, ja, doch sie selbst niemals. Sie lernen von klein auf, dass sie unfehlbar sind. Sie können mit Kritik nicht umgehen und zeigen dies auch ganz deutlich, mit zum Teil sehr aggressiven Verhaltensweisen.

51

Eltern sollten ihren Kindern Sicherheit, Geborgenheit, Liebe und Fürsorge angedeihen lassen-dazu zählt auch, die Kinder zu begrenzen und sie auch unangenehme Situationen durchleben zu lassen. Nur so können sie ihre Persönlichkeit bilden und ein selbstbewusster, mit beiden Beinen im Leben stehender Erwachsener werden und fähig sein, echte und tiefe Gefühle für andere Menschen zu hegen.

Eine gute Seite des Narzissmus

Ja, liebe Leser, Sie können ihren Augen trauen! Da steht wirklich, dass Narzissmus auch etwas Gutes birgt. Bisher haben wir nur die negativen Aspekte dessen beleuchtet, doch es gibt tatsächlich auch Situationen und Konstellationen, in denen sich der Narzissmus als etwas positives erwiesen hat.

So fand etwa der Psychologe Delroy Paulhus in einem Experiment heraus, dass narzisstische Mitglieder eines Teams von den anderen Teammitgliedern bereits beim ersten Treffen als durchaus „kompetent, besonders offen, gewissenhaft, kontaktfreudig oder unterhaltsam" beschrieben wurden.
Alles Eigenschaften, welche den Teamgeist stärken und fördern. Die Forscher Jack Goncalo und Sharon Kim, Cornell University und Fracis Flynn, Stanford University, ergründeten 2011, wie sich Narzissmus auf Teams auswirkt. Dabei stellten sie fest, dass Narzissten nicht wirklich besser oder klüger waren, als andere

Teilnehmer, dass sich ihre innersten Überzeugungen der eigenen Überlegenheit jedoch so auf die anderen Teammitglieder übertrugen, dass deren Teamleistung tatsächlich besser wurde.

Jedoch muss hier angemerkt werden, dass sich diese Verbesserung der Leistungen nur dann erreichen lassen, wenn sich im Team 2 Narzissten befanden. Wurden es mehr, so glich das zunehmend einem Haifischbecken und es wurde zu einem Wettstreit, um die meiste Aufmerksamkeit zu erhaschen.

Was macht der ständige Kontakt mit einem Narzissten mit mir?

Narzissten sind schwer zu ertragen. Sie kosten Nerven und Substanz. Dabei ist die empfundene Belastung durch einen Narzissten von mehreren Komponenten abhängig.
Hochsensible Menschen etwa können bereits auf die kleinsten narzisstischen Äußerungen reagieren, bei welchen nicht so sensible Menschen noch gar nicht reagieren würden. Die körperliche Konstitution spielt hierbei eine zentrale Rolle. Befindet man sich bereits in einem geschwächten Zustand (müde oder gestresst), so kann der Narzisst einem das letzte Fünkchen Energie rauben. Sind wir jedoch ausgeruht und frisch, so fällt es uns um einiges leichter, den Narzissten zu ertragen.

Hier können 4 verschiedene Phasen der Belastung grob unterschieden werden:

- Der Narzisst wird als störend, aufdringlich und wenig angenehm wahrgenommen.
- Der Narzisst wird als demütigend, kontraproduktiv und ermüdend wahrgenommen.
- Der Narzisst verursacht durch sein Reden und Tun physische und psychische Störungen.
- Der Narzisst verursacht chronische Beschwerden bis hin zum Burn-out

Dabei können die Symptome sehr breit gefächert sein. Sie reichen vom Verlust des Selbstbewusstseins über Angstzustände und Panikattacken bis hin zu Suchterkrankungen (zur Ersatzbefriedigung).

Menschen, welche mit einem narzisstischen Partner zusammenleben, stellen sich und ihre Beziehung regelmäßig in Frage. Natürlich bemerken sie, dass es „nicht richtig läuft" in ihrer Beziehung. Die Schuld geben sie dabei meistens sich. Damit begeben sie sich in eine

Abwärtsspirale, aus der es ab einem gewissen Punkt schier unmöglich ist, wieder heraus zu kommen. Die Betroffenen müssen lernen und verstehen, dass der Grund der schlechten Partnerschaft eben genau der Partner ist. Haben sie aber das einmal erkannt und verstanden, so kann es nahezu befreiend wirken und die Betroffenen können eine ganz andere Ebene im Umgang mit ihrem narzisstischen Partner erreichen.

Sehr hilfreich kann es hierbei für den Betroffenen sein, wenn er sich anderen anvertrauen und offenbaren kann. Doch hier heißt es, den Vertrauten mit Bedacht zu wählen! Menschen, welche man eben erst kennengelernt hat (und die wiederum vielleicht auch den Partner kennengelernt haben) können oftmals das Geäußerte nicht nachvollziehen und verstehen, da sie den Partner ja als charmanten, humorvollen, selbstbewussten und zielstrebigen Macher kennengelernt haben.

Dieses Bild haben sie vom Partner vermittelt bekommen, hinter seine Fassade können Menschen nach kurzer Zeit einfach noch nicht blicken. Den Gesprächspartner im engeren Umfeld zu suchen kann aber auch wieder Risiken bergen. Gerade die Menschen aus dem nahen Umfeld, welche von der Persönlichkeitsstörung Narzissmus noch nichts gehört haben und damit nicht vertraut sind, können hier teils sehr heftig reagieren.

Da fallen schnell mal Worte wie „Unterstellung", „Üble Nachrede" oder „Rufschädigung". Auch ist bei Personen des näheren Umfeld die Gefahr groß, dass diese bereits vom Narzissten manipuliert wurden oder er sie noch manipuliert, sobald er davon erfährt, dass Sie sich dieser Person anvertraut haben.

Falls Sie zu den Opfern eines Narzissten gehören, so wählen Sie ihren Vertrauten sehr sorgfältig aus. Lassen Sie sich nicht beirren und reden Sie sich einmal alles von der Seele!

Dies wird Sie innerlich befreien und Sie werden neue Kraft daraus schöpfen können. Falls Sie sich mit der Wahl ihres Gesprächspartners schwer tun, so lohnt sich vielleicht ein Blick in die Gelben Seiten oder ins World Wide Web.

In jeder größeren Stadt gibt es zig Hilfsangebote für Angehörige von Menschen mit psychischen Störungen. Oftmals treffen sich diese Gruppen monatlich zu einem regen Austausch, oftmals unter dem Deckmantel der Anonymität. Hier finden Sie sicher nicht nur jemanden, der ihnen zuhört, sondern auch noch Brüder im Geiste, welche bestimmt genauso unter einem narzisstischen Partner leiden oder litten, wie Sie.

Was tun, wenn ich schon von einem Narzissten geschädigt wurde?

Der Narzissmus gewinnt in unserer Gesellschaft einen immer höheren Stellenwert. Manch einer findet ihn fast schon schick, hipp und trendy!
Natürlich, denn Schauspieler X oder Modell Y wird ja genau diese Charaktereigenschaft nachgesagt und die sind ja wohl das Maß der Dinge! Dass Narzissmus aber auch sehr schlimme Folgen haben kann, nämlich für die Betroffenen, darüber machen sich diese Leute keine Gedanken! Schließlich haben „die Opfer" ja keinen sichtbaren Schaden davongetragen.
Sie sind halt wieder einmal an den Falschen geraten, aber beim nächsten Kerl wird alles besser. Abhaken, das Ganze und weiter geht's! Schön wäre es, wenn sich emotionaler Missbrauch (und nichts anderes tut ihnen der Narzisst an) einfach weg packen ließe und damit wäre alles wieder gut. So einfach ist es jedoch nicht!

Damit ein Betroffener nach einer traumatischen Beziehung zu einem Narzissten

wieder zu seinem selbstbewussten Leben zurückkehren kann, bedarf es einer umfassenden Aufarbeitung des Erlebten. Gefühle (Wut, Hass, Enttäuschung etc.), welche sich unter Umständen über Jahre aufgestaut haben, schlummern immer noch im Betroffenen und können situationsbedingt sofort wieder heraus kommen und den Betroffenen in eine Art Schockstarre fallen lassen, in welcher er zu keinen rationalen Handlungen fähig ist.
Hier beginnt nun die eigentliche Arbeit! Nur indem das Erlebte angenommen wird und die Zeit nochmals gründlich reflektiert wird, kann eine Heilung beginnen. Natürlich ist es schwer, das eventuell traumatische Erlebnis noch einmal mit allen Gefühlen zu durchleben, doch die Tortur lohnt sich, denn so wird der Weg in einen neuen Lebensabschnitt geebnet.

Um zu überprüfen, wie weit Sie bei der Verarbeitung des emotionalen Missbrauchs gekommen sind, ob Sie es vielleicht sogar schon durchstanden haben, können Sie sich leicht einem kleinen Selbsttest unterziehen.
Dazu suchen Sie sich in einem entspannten, ruhigen Moment einen Platz, an

welchem Sie ungestört sind und ihren Gedanken nachhängen können. Nun versetzen Sie sich in die Zeit zurück, in der Sie mit dem Narzissten in einer Partnerschaft waren.

Denken Sie an einen besonders demütigenden, abwertenden Moment mit diesem Menschen und durchleben Sie die Situation so real wie möglich. Achten Sie nun ganz genau darauf, welche Gefühle und Emotionen nun auf Sie einbrechen. Können Sie etwa Wut oder Trauer oder Hass spüren?
Dann sind Sie noch längst nicht am Ziel! Sie haben das Erlebte noch immer in ihrem Inneren und es kann bei der kleinsten Störung wieder zum Vorschein kommen. Zum erfolgreichen Verarbeiten müssen Sie nicht nur alles aufarbeiten, Sie müssen auch vergeben können.

Nur wenn Herz und Hirn Hand in Hand gehen, kann echte Erlösung erfolgen.

Ebenfalls weiterbringen kann es Sie, wenn Sie über das Erlebte reden. Versetzen Sie sich in die Zeit zurück und lassen Sie ihre Gefühle dabei zu. Nehmen Sie sie an und

lassen Sie sie zu! Versuchen Sie nicht, sie zu verdrängen, wie all die Jahre, sondern stellen Sie sich dem Schmerz und der Wut, um Erleichterung zu erfahren.
Es kann auch sehr hilfreich sein, ein Tagebuch zu führen. So können Sie das Erlebte immer wieder neu durchleben und Sie können sich nach Lust und Laune alles von der Seele schreiben. Sie können ihre Aufzeichnungen im Nachhinein mit Kommentaren und sonstigen Anmerkungen versehen und anhand von diesen Aufzeichnungen werden Sie den Fortschritt ihrer Genesung genau verfolgen können.

Vielen Opfern von Narzissten hat es auch sehr geholfen, dem Tyrannen einen Brief zu schreiben. Sie können hier alles schreiben, was Sie dem Kerl schon längst einmal an den Kopf werfen wollten.
Dabei können Sie so vulgär oder beleidigend werden, wie Sie wollen, denn Sie schicken diesen Brief ja niemals ab! Dieser Brief dient nur dazu, dass Sie sich von ihrem Seelenmüll befreien und wieder leichter durchatmen können.

Sie werden sehen, wenn Sie sich für den Brief an der Narzissten entscheiden, wird ihnen das Erleichterung verschaffen.

Befinden Sie sich nach wie vor in einer Partnerschaft mit einem Narzissten, so zeigen Sie ihm klar und deutlich ihre Grenzen auf. Lassen Sie sich nicht mehr von ihm beanspruchen und halten Sie ihn auf Distanz!
Dazu müssen Sie sich nicht von ihm trennen (außer, Sie hatten das vielleicht eh vor), sondern es genügt, wenn Sie sich mit ihren gewonnenen Erkenntnissen der Situation neu anpassen. Hören Sie auf, seine Eskapaden zu entschuldigen und nehmen Sie die Tatsache hin, dass Sie mit einem Narzissten zusammenleben.
Seien Sie sich aber stets bewusst, dass ihre nun andere Art, mit ihrem Partner umzugehen, teils heftige Gegenreaktionen zur Folge haben kann. Was ja auch, aus seiner Sicht, verständlich ist. Indem Sie sich ihm entziehen und sich nicht mehr auf seine Spielchen einlassen und ihn klar in seine Schranken verweisen, schwindet seine Macht über Sie.

Das möchte er jedoch um jeden Preis verhindern, hat er in ihnen doch seinen perfekten Leibeigenen gefunden! Ab jetzt jedoch wird ein anderer Wind wehen und das machen Sie ihm auch unmissverständlich klar. Versuchen Sie sich nicht mehr für alles zu rechtfertigen, schweigen Sie in solch einem Fall lieber.

Lassen Sie sich nicht wieder von seiner charmanten Art um den Finger wickeln und bleiben Sie ihrer Linie treu! Haben Sie keine Angst und lassen Sie sich auf keinen Fall einschüchtern. Der Partner wird sämtliche Register seiner schauspielerischen Fähigkeiten ziehen, doch das brauche ich ihnen nicht erzählen, schließlich müssen Sie das jeden Tag erleben.

Denken Sie nun aber nicht, wenn Sie ihrem Partner nur einmal ordentlich „den Rost runter machen", dass er sich dann für alle Zeit ändern würde.
Der tägliche Umgang mit dem Narzissten erfordert ein jederzeit konsequentes und zweifelsfreies Handeln. Sie müssen über ein starkes, ausgeglichenes Wesen verfügen und jeden Tag auf´s Neue bereit sein, diese Kämpfe auszufechten. Ihr Partner wird Sie immer wieder auf die Probe

stellen und versuchen, ihre Grenzen zu überwinden.
Dieser Weg wird kein einfacher für Sie werden, darüber müssen Sie sich im Klaren sein. Nehmen Sie sich am Besten einmal 5 Minuten für sich und hinterfragen Sie sich, ob Sie stark genug dafür sind. Besitzen Sie genügend Selbstbewusstsein, um seine verbalen Attacken zu verdauen?

Sind ihre Nerven stark genug, um die immer wiederkehrenden Kämpfe auszufechten?

Sind Sie psychisch stabil genug, um diese Situation über eine lange Zeit auszuhalten?

Seien Sie ehrlich zu sich selbst und ziehen Sie für sich ihre Schlüsse.
Vielleicht sehen Sie noch eine Chance für die Partnerschaft, denn, die Alternative wäre nur eine Trennung vom Narzissten.

Wenn Sie an der Beziehung festhalten, so lassen Sie es sich zur neuen Gewohnheit werden und nehmen Sie sich Zeit für sich. Jahrelang haben Sie ihr Leben vernachlässigt, um sich ganz für ihren Partner

aufzuopfern.
Damit ist nun Schluss!
Sie tun nun wieder etwas für sich! Gönnen Sie sich Zeit für sich und unternehmen Sie Dinge, welche Sie gerne tun, aber dem Narzissten geopfert haben. Haben Sie dabei keine Schuldgefühle, denn ihr Partner hatte die auch nicht, als er Sie jahrelang ausgenutzt hat. Genießen Sie es, wieder Zeit für sich zu haben.
Um herauszufinden, wie viel Zeit Sie wirklich für sich haben, können Sie sich ein paar einfache Fragen stellen. Hinterfragen Sie etwa, wie viel Aufmerksamkeit Sie sich selbst schenken, wie wichtig Sie sich nehmen.

Wie gut kümmern Sie sich um sich selbst?
Was denken Sie über sich?
Wann haben Sie sich selbst das letzte Mal für eine Leistung gelobt?

All diese Fragen können ihnen helfen, einen klaren Überblick darüber zu erhalten, wie viel Zeit Sie mit sich selbst verbringen bzw. wie viel Zeit Sie für sich haben. Fällt ihnen nun jedoch auf, dass das meiste von ihrer Zeit bei ihrem Partner hängenbleibt, so fangen Sie damit an und führen

Veränderungen herbei.
Rücken Sie sich wieder in den Mittelpunkt ihres Lebens, nicht den narzisstischen Partner, der dies eh nicht zu würdigen weiß. Seien Sie gut zu sich und gönnen Sie sich etwas. Dabei brauchen Sie kein schlechtes Gewissen haben, denn, Zeit mit sich selbst zu verbringen ist nicht egoistisch, sondern etwas natürliches.
Besinnen Sie sich darauf, was ihnen wichtig ist und was ihnen Spaß macht. Diese Dinge werden Sie ab jetzt tun-für sich.

Das bringt uns auch schon zum nächsten Punkt. In einer Beziehung zu einem Narzissten ist es wichtig, immer genügend Kraftreserven zu haben.
Dabei sind die psychischen, wie auch die physischen Kräfte gemeint. Stärken Sie also nicht nur ihren Geist und ihre mentale Balance, sondern stärken Sie auch ihren Körper. Der dauernde Umgang mit einem Narzissten kostet nicht nur psychisch sehr viel Kraft, sondern fordert auch einen gesunden und widerstandsfähigen Körper.

Psychisch belastende Faktoren lösen, wenn sie jahrelang auf einen Menschen einprasseln, auch körperliche

Erkrankungen aus. Achten Sie deshalb auf eine reichhaltige, gesunde Nahrungsaufnahme.

Versorgen Sie ihren Körper sehr gut mit allen Mineralien, Vitaminen, Spurenelementen und sonstigen Vitalstoffen. Versuchen Sie, etwa durch regelmäßige Spaziergänge, ihr Immunsystem zu stärken. Versuchen Sie es vielleicht einmal mit Fahrradfahren oder Joggen.
Hierbei können Sie nicht nur wunderbar ihre angestauten, negativen Gefühle loswerden, Sie tun auch noch ihrem Immunsystem, sowie dem Herz-Kreislaufsystem etwas Gutes.

Zu guter Letzt soll ihnen noch ein Rat mit auf den Weg gegeben werden, gerade jetzt, wo Sie viel über all das Vergangene nachdenken, scheint dies sehr passend. Reflektieren Sie einmal ihr bisheriges Leben. Ziehen Sie eine Lebensbilanz und werten Sie diese aus. Nehmen Sie dabei die Rolle eines außenstehenden Beobachters ein und betrachten Sie ihr bisheriges Leben so objektiv wie möglich.
Es gilt ja das Gesetz, dass alles das, was wir ausstrahlen, auch wieder zu uns

Narzissmus

zurück kommt. Haben Sie also eine negative, pessimistische Einstellung, so werden Sie auch immer nur negative Dinge anziehen. Haben Sie also ihr bisheriges Leben immer nur damit gehadert und sich negativ darin gesehen, dann kann ja kein positiver Aspekt darin zu finden sein.
Arbeiten Sie an ihrer Einstellung! Versuchen Sie, das Schöne und Gute zu sehen, auch wenn das ab und zu fast unmöglich scheint. Halten Sie bewusst die Augen offen nach den kleinen Wunder des Alltags, es gibt sie.

Erfreuen Sie sich an ihnen und schöpfen Sie positive Kraft daraus. Fangen Sie wieder an, sich zu lieben und sich zu achten. Besinnen Sie sich auf ihre Stärken und seien Sie stolz auf Erfolge in ihrem Leben. Dies wird ihr Selbstbewusstsein nachhaltig stärken und Sie so für den täglichen Wahnsinn mit einem Narzissten wappnen.

Die Trennung

Wie Sie ja wissen, ist ein Leben mit einem Narzissten sehr hart und fordert einem alles ab. Deshalb kann man sich gut vorstellen, wie es im Falle einer Trennung sein wird.

Dabei ist dem Narzissten ein langer, komplizierter Rechtsstreit mehr als willkommen-hier hat er wieder eine perfekte Bühne für seine Inszenierungen.
Der Narzisst verursacht Verwirrung und Chaos in einem Scheidungsverfahren und denkt dabei keine Sekunde daran, was dies etwa bei einem Kind verursachen kann.
Eben typisch Narzisst, sogar in solch einer Situation kann er nicht aus seiner Haut und wird seinem Lebensmotto treu bleiben: ich, icher, am ichesten!

Doch, warum ist die Trennung von einem Narzissten so schwer und fordert so viele Opfer? Er muss doch im Laufe der Partnerschaft auch gemerkt haben, dass es immer schlechter läuft zwischen ihnen beiden.

Nein, eben nicht!
Dadurch, dass Sie jahrelang seine Leibeigene waren und ihr komplettes Leben dem Seinen unterstellt haben, hatte er ja nie den Eindruck, „etwas stimme nicht". Aus seiner Sicht völlig verständlich. Und sie als restliche Familie (also, Sie und ihre Kinder) haben sicherlich stumm gelitten. Deshalb wird ihn wahrscheinlich die bloße Ankündigung einer Trennung komplett überfordern und seine verquere Weltanschauung zusätzlich durcheinander bringen.

Der Narzisst wird sich im Falle einer Scheidung völlig außer Rand und Band verhalten.

Es werden Anwälte, Richter und Therapeuten folgen, genauso wie ein langer, ermüdender Kampf um Recht und Unrecht. Der Narzisst kann einfach nicht verstehen, warum er, der Übermensch, von seiner Familie verlassen wird.

Auf diese Phase kann dann eine ungeheure Wut folgen. Der Narzisst sieht nur noch rot und ist in seinen Handlungen fast nicht mehr zu kontrollieren. Er sinnt auf

Rache und das wird fortan sein Lebensinhalt sein.

Dabei schreckt er auch vor der härteren Gangart nicht zurück und lügt und manipuliert, wo er nur kann. Er wird sicherlich versuchen, das Sorgerecht für das Kind oder die Kinder zu bekommen-nicht weil er sie liebt, sondern, weil er ihnen damit Schmerzen zufügen kann. Er wird keine Möglichkeit auslassen, um Sie vor Gericht schlecht zu machen und auf ihren angeblichen Fehlern und Unzulänglichkeiten herum reiten.

Er wird versuchen, Sie zu zerpflücken wie eine welke Blume. Zufrieden wird er erst sein, wenn er Sie gebrochen hat und Sie am Boden liegen. Der Narzisst schreckt in dieser Phase vor fast nichts mehr zurück und ist unberechenbar.
Hier müssen Sie wirklich stark sein.
Sie werden nun sagen, dass Sie doch all die Jahre mit ihm schon stark waren und das stimmt auch, doch das hier wird eine ganz andere Hausnummer werden. Hier werden Sie in einem öffentlichen Rahmen (dem Gericht) gedemütigt und entwertet, sonst fanden solche Attacken

wahrscheinlich eher in den eigenen vier Wänden statt.

Ein Scheidungsverfahren mit einem Narzissten wird Sie wahrscheinlich selbst an den Rand eines Nervenzusammenbruchs bringen. Deshalb lohnt es sich für Sie, vielleicht mit Atemübungen oder Yoga oder einer sonstigen, mental entspannenden Technik, bereits im Vorfeld zu lernen, wie Sie in emotional anstrengenden Situationen cool bleiben können.
Auch sehr hilfreich ist es, sich Verbündete zu suchen. Haben Sie vielleicht in ihrem Bekanntenkreis Menschen, welche von den Persönlichkeitsstörungen ihres Partners wissen?

Nehmen Sie sich diese Personen als mentale Stärkung mit zu den Terminen. Es genügt auch, wenn die Personen in einem Wartebereich auf Sie warten-das bloße Wissen, dass die Unterstützung nur einen Raum weiter sitzt, ist schon Gold wert.

Besonderes wüst kann es werden, wenn Sie gezwungen sind, weiterhin mit einem narzisstischen Partner zusammen, in einer Wohnung oder einem Haus, leben

müssen.
Dies kann die Hölle auf Erden werden, denn der Narzisst wird keine Chance ungenutzt lassen, ihnen das Leben schwer zu machen.

Für solch einen Fall empfiehlt es sich, sich einen Unterschlupf zu suchen. Wenn Sie und ihre Kinder diese Zeit in Ruhe überstehen wollen, so quartieren Sie sich zusammen bei einem Vertrauten ein.
Sorgen Sie aber dafür, dass ihr Partner nicht weiß, wo Sie sich aufhalten.
Denn sonst wird er den Ort seines Terrors einfach nach dort verlegen. Für die Scheidung von einem Narzissten müssen Sie sich sehr gut vorbereiten und auch Eventualitäten bedenken, welche auf den ersten Blick völlig absurd wirken. Viel Glück bei diesem Schritt!

Kann man Narzissten heilen?

Viele Betroffene werden sich nun denken, das wäre zu schön, um wahr zu sein. Geb ich dem Typ mal eine von den gelben Pillen und danach läuft es wieder rund im Oberstübchen.
Oder schicke ich ihn mal eben für ein halbes Jahr in eine schicke Psychofarm, dann wird er schon wieder heile zurück kommen.
Welch wunderbare Welt!

Aber die Realität sieht ganz anders aus und mit diesem Thema haben sich auch schon sehr viele schlaue Geister beschäftigt. Narzissmus in Eigenregie, ohne die fachliche Unterstützung eines geeigneten Psychotherapeuten, heilen zu wollen ist beinah so, als wollten Sie einem Huhn verbieten, Eier zu legen.
Der Narzissmus ist nicht so schnell mal zu heilen.

Ähnlich wie bei einer Suchterkrankung muss der Betroffene (Narzisst) sich erst einmal eingestehen, dass er ein psychisches Defizit hat. Wird er das tun (Sie

kennen ihn am Besten)? Aber, vermutlich wird er das nicht tun. Und hier liegt der Hase im Pfeffer.
Ein Narzisst hat, seiner Meinung nach, keine psychischen Probleme (genau genommen hat der Narzisst überhaupt keine Probleme) und bedarf deshalb auch keiner Therapie. Sie könnten schon eher eine Therapie brauchen.

Doch der Narzisst empfindet sich selbst, seine Handlungen und Reden nicht als belastend für irgendjemanden. Er ist ein gottgleiches Wesen und er steht weit über den Dingen. Damit müssen Sie sich abfinden. Heilen können Sie ihn nicht.

Geben Sie sich dem Irrglauben nicht hin, dass Sie ihm nur genügend Liebe und Verständnis entgegenbringen müssten und ihn dadurch von seiner Krankheit befreien zu können. Das Fatale an diesem Denkmuster ist nämlich, dass, je mehr Sie sein Verhalten versuchen zu verstehen und zu entschuldigen, er immer gefestigter und tiefer in seine psychischen Störung abrutscht. Er hat ja Sie im Rücken, also hat er automatisch immer jemanden, dem er die Schuld geben kann. Sie sind seine

Rettungsleine, da Sie das ja schon immer waren.

Mit Liebe und Verständnis verschlimmern Sie die Situation eher noch, also lassen Sie am besten gleich die Finger davon.
„Ich leide doch aber so unglaublich unter diesem Menschen/dieser Situation", werden Sie nun vielleicht sagen. Das ist nachvollziehbar und auch verständlich. Doch versuchen Sie sich nicht als „Hobby-Therapeutin", erstens würde es nicht klappen und zweitens wären die Wunden, welche Sie in ihrem Inneren bei diesem Versuch davontragen würden die Schlimmsten, die Sie je erlitten hätten.

Kommen Sie weg von der Idee, ihren Liebsten zu heilen und kümmern Sie sich lieber um sich! Sie sind der Hauptdarsteller ihres Lebensfilms, nicht ihr (kranker) Partner. Umgeben Sie sich, wann immer es geht, mit Menschen, die Sie schätzen und denen Sie vertrauen können, bei denen Sie sich wohlfühlen.

Tun Sie Dinge, die Sie schon lange einmal tun wollten, aber bis jetzt, aus welchen Gründen auch immer, noch nicht getan haben. Das können körperliche Herausforderungen sein oder auch der Besuch einer Stadt oder eines Museums oder dergleichen.

Vielleicht wollten Sie schon immer mal Fallschirmspringen, haben sich aber seither einfach nicht getraut? Dann tun Sie es jetzt! Und wenn Sie die Herausforderung gemeistert haben, gehen Sie gestärkt daraus hervor und können zu Recht stolz auf sich sein. Dies wird ihrem Selbstbewusstsein einen gehörigen Schub verpassen und Sie werden ihrem Partner gegenüber immer entschiedener auftreten können. Sie können ihren narzisstischen Partner nicht heilen-Sie können lediglich sich stärken und dafür Sorgen, dass Sie nicht noch mehr Schaden nehmen werden.

Schlimm ist es jedoch, wenn bereits die ersten körperlichen Symptome bei ihnen auszumachen sind. Dann ist ihr Leidensdruck wahrscheinlich immens hoch und Sie suchen bestimmt fieberhaft nach Erlösung. Das ist verständlich. Nur muss ihnen in dem Fall klar sein, dass Sie in diesem desolaten Zustand niemandem eine Hilfe oder Stütze sein können.

Suchen Sie sich die Hilfe ihres Hausarztes und eines kompetenten Psychologen, damit Sie wieder auf die Beine kommen. Lassen Sie es nicht mehr weiter bergab gehen mit sich, werden Sie aktiv und überlegen sich, was Sie für sich tun können, nicht für ihren Partner.

Narzissmus ist heilbar-mit „Foltermethoden"

Der Vollständigkeit halber sei hier eine Methode genannt, welche als Therapie bei Narzissmus eingesetzt wird. Vornweg muss jedoch gleich gesagt werden, dass diese Methode sicher nicht für den „Hausgebrauch" geeignet ist und wirklich nur von sehr erfahrenen Therapeuten angewendet werden darf.

Die Methode gleicht einer modernen Foltermethode und kann, in den falschen Händen, mehr Schaden anrichten, als sie nützt. Die Folgen für den Narzissten bei unsachgemäßer Anwendung können bis zum Suizid führen und mit dieser Schuld wollen Sie nicht leben!

Also, lesen Sie das Folgende aufmerksam durch, jedoch versuchen Sie unter keinen Umständen, diese Methode bei ihrem Partner auszuprobieren. Bevor Sie diese in Erwägung ziehen, konsultieren Sie einen Psychologen, der Sie auf ihrem Weg unterstützt.

Die Therapie eines Narzissten erfolgt folgendermaßen:
Der Patient (Narzisst) wird für 90 Tage von der Außenwelt abgeschirmt. In einem dunklen Raum, ohne jegliche Kontakte (soziale). Nach diesen 90 Tagen ist also sozusagen der Narzisst „resettet", will heißen, er kennt den sozialen Umgang nicht mehr (oder sollte ihn nicht mehr kennen). Nun muss der Patient in therapeutischen Sitzungen über Wochen oder gar Monate hinweg die sozialen Verhaltensweisen wieder neu erlernen. Kein einfacher Weg, doch er zeigt, anhand seiner Radikalität, deutlich auf, wie gravierend eine narzisstische Persönlichkeitsstörung ist und wie tief das Problem im Patienten verwurzelt ist. Sie sehen nun also, dass eine Therapie in den eigenen 4 Wänden, mit ihnen als Therapeuten, ihrem narzisstischen Partner auf keinen Fall eine Hilfe ist.

Abschließende Worte

Wie wir gelesen haben, hat der Narzissmus viele Gesichter und Ausprägungen. Die Gründe für das Entstehen einer narzisstischen Persönlichkeitsstörung sind immer in der frühesten Kindheit und in der Erziehung eines Kindes zu suchen.
Das werden die Eltern nicht gerne hören, doch es ist die Wahrheit!

Um aus Kindern stabile, gefestigte Erwachsene zu machen, braucht es mehr als die Zuschüttung mit Liebe und Lob oder auch materielle Dinge. Und zwar Eltern, welche klare Grenzen setzen können. Schieben Sie das schlechte Gewissen beiseite und setzen Sie ihren Sprösslingen Grenzen. Es wird ihnen sicher nicht schaden (hat es ihnen geschadet?). Vermeiden Sie auf jeden Fall, ihr Kind immer zu loben und zu etwas Besonderem zu erklären. Natürlich denkt jeder Elternteil, dass ihr Kind etwas ganz besonderes ist, doch die wenigsten Kinder sind kleine Einsteins. Deshalb reden Sie ihrem Kind dies nicht ein.

Sie können dem Kind ja gerne sagen, dass
es etwas besonderes ist-für Sie, seine
Mama oder seinen Papa, nicht jedoch für
die restliche Welt. Bereiten Sie ihre Kleinen
auch rechtzeitig darauf vor, dass die
elterliche Fürsorge und Verpflegung ein
Mindesthaltbarkeitsdatum haben. Läuft
dieses ab, so endet auch ihre Fürsorge
und das Kind (der junge Erwachsene)
muss lernen, sich im Leben selbst zu behaupten.

Stärken Sie das Selbstbewusstsein ihres
Kindes, dann kann ihn als Erwachsener so
schnell nichts aus der Spur bringen.

Stecken Sie nun aber in einer Partnerschaft
mit einem Narzissten, dann herzlichen
Glückwunsch! Das wird das Los ihres
Lebens werden!
Ständig müssen Sie auf der Hut sein vor
seinen (oder ihren-Narzissmus ist nicht
Geschlechter-spezifisch) verbalen Entgleisungen
und Attacken. Der Mensch, den
Sie lieben, hat sich zu einem ganz anderen
gemausert während ihrer Beziehung.

Als Sie ihn kennengelernt haben, da lernten
Sie einen humorvollen, charmanten,

redegewandten, selbstbewussten Menschen kennen. Doch im Laufe der Zeit hat er die Maske immer mehr fallen lassen und hat ihnen sein wahres Wesen offenbart-er ist ein Narzisst!
Verzweifeln Sie nicht an diesem Umstand, denn dadurch, dass Sie den Narzissmus entlarvt haben, können Sie ab jetzt auch richtig damit umgehen. Sie werden sich wieder mehr um sich und ihr Leben kümmern und daran werden Sie wachsen.
Falls Sie Kinder mit dem Narzissten haben, so seien Sie auch für die da.

Zeigen Sie ihnen, wie sie mit den Attacken und Ausfällen ihres Vaters umgehen können und benennen Sie den Narzissmus als das, was er ist: eine ernst zu nehmende psychische Störung. Klären Sie die Kinder darüber auf, dass es eine Krankheit ist, welche den geliebten Papa zu dem werden ließ, was er nun ist und wie er nun ist.

Kinder können das ganze Ausmaß wahrscheinlich gar nicht begreifen und sind die wehr- und schutzlosesten Wesen in einer Familie, in der der Alltag von Terror, Wut, Hass und der Allmacht des geliebten Elternteils bestimmt wird. Ihnen gilt es,

Aufmerksamkeit zu schenken und zu erklären, wie es so weit kommen konnte. Versuchen Sie, ihre Kinder zu stärken, ihnen Selbstbewusstsein zu vermitteln und zeigen Sie ihnen Wege, wie sie mit dem narzisstischen Elternteil am besten, ohne Schaden zu nehmen, umgehen können. Leben Sie es ihnen vor, dann werden sie sich an ihnen orientieren und es ihnen gleichtun.

Denken Sie jedoch vielleicht schon an eine Trennung, dann könnte bzw. dann wird sich die Situation im häuslichen Umfeld nicht entspannen, dann werden Sie auf einem Pulverfass leben. Ein paar Dinge kann der Narzisst nämlich überhaupt nicht ab, und dazu zählt die Trennung ganz klar. Genauso sehr, wie er es hasst, dass man nicht gleicher Meinung ist und seine Ideen nicht teilt, hasst er es auch, wenn man sich von ihm trennt. Im ersten Moment kann es sein, dass er das gar nicht gleich verstehen kann.

Er denkt vielleicht, Sie würden sich einen besonders blöden Spaß mit ihm erlauben. Wenn das Verstehen dann einsetzt, wird es hässlich werden. Die Attacken auf Sie

(und im Schlimmsten Fall auf ihre Kinder) werden zunehmen, der Narzisst wird keine Gelegenheit auslassen und Sie demütigen und herunterputzen, wo es nur geht.
Er ist erst zufrieden, wenn er Sie gebrochen hat und Sie am Boden liegen. Besonders schmutzig kann es bei einer Scheidung vor Gericht werden (und gehen Sie davon aus, dass im Falle einer Scheidung dies auf keine Fälle gütlich geregelt wird), denn da hat der Narzisst wieder die ganz große Bühne für seine Inszenierungen.

Er wird jeden Moment voll auskosten und Sie in einem möglichst schlechten Licht darstellen. Er wird Sie diffamieren, wo er nur kann. Der Narzisst ist in dieser Phase ein schier unberechenbarer Faktor und er kann, getrieben von einem unglaublichen Rachedurst, völlig irrationale Handlungen begehen.

Suchen Sie sich auf jeden Fall rechtzeitig Hilfe, scheuen Sie sich auch nicht davor, ihren Hausarzt darauf anzusprechen. Er wird ihnen vielleicht auch raten, zu einem Psychologen oder Psychotherapeuten zu

gehen.
Nehmen Sie diese Hilfe an und schämen Sie sich nicht dafür, zum Psychologen zu gehen. Dies ist bei manchen Menschen ja immer noch recht negativ belegt, doch dafür gibt es absolut keinen Grund, denn, wenn man ein körperliches Leiden hat, dann geht man ja auch zu einem Arzt. Genauso verhält es sich in Fällen von emotionalem Missbrauch, nur sind hier (erst einmal) keine körperlichen Zeichen sichtbar. Das ist ja auch das Schlimme an dieser Form der Gewalt: man sieht lange Zeit nichts!

Wenn man dann die ersten körperlichen Anzeichen erkennt, dann ist es meist schon zu spät. Deswegen hier nochmal der Rat: holen Sie sich (und ihren Kindern) rechtzeitig kompetente Hilfe.
Gehen Sie diesen schweren Weg nicht alleine, sondern suchen Sie Hilfe! Gut für Sie und ihre Kinder kann es auch sein, wenn Sie sich rechtzeitig (bevor alles eskaliert) aus der Schusslinie bringen und sich einen Unterschlupf bei jemandem suchen. So sind Sie geschützt vor weiteren Attacken und können zur Ruhe kommen und Kraft schöpfen.

Versuchen Sie auf keinen Fall, ihren narzisstischen Partner zu therapieren. Das wird nicht gut gehen, wenn bei ihm keine Einsicht über seine Krankheit herrscht. Und da er ja ein Narzisst ist und nicht aus seiner Haut heraus kann, wird dieses Eingeständnis seine Lippen nie verlassen. Bitte, tun Sie sich und ihm einen Gefallen und versuchen Sie sich nicht als Hobby-Therapeutin! Am Ende würden Sie mehr Schaden davontragen, als Sie ihrem Partner damit nützen würden. Und wenden Sie auf keinen Fall die oben beschriebene Therapiemethode an.

Ein pathologischer Narzisst kann Suizidgedanken entwickeln, wenn er sich selbst erkennen soll ohne die fachliche und kompetente Begleitung dabei durch einen Psychologen.

Zudem ist diese Methode wirklich mit Folter gleichzusetzen und kann deshalb nicht empfohlen werden. Des Weiteren waren auch keine Angaben darüber zu finden, bei wie vielen Patienten diese Methode schon geholfen hat und ob sie von langer Dauer war. Diese Methode wurde nur aus reinen Informationszwecken geschildert und sie sollte aufzeigen, mit welch krassen, harten Methoden bei krankhaftem Narzissmus gearbeitet werden muss. Narzissmus ist kein Husten oder Schnupfen, der mit ein paar Bonbons und einem Nasenspray wieder verschwindet. Pathologischer Narzissmus ist eine sehr schwere, tief sitzende (weil lang im Narzissten verwurzelt) psychische Störung der Persönlichkeit.

Sie jeden Tag aushalten zu müssen, verlangt dem Umfeld alles ab, lässt Menschen zugrunde gehen und ist eine zerstörerische Macht.

<u>Auf ihrem Weg heraus wünsche ich ihnen viel Kraft, einen eisernen Willen und alles Glück für sich und ihre Kinder für „die Zeit danach"!</u>

Quellenangabe:

www.lernen.net
www.rundschau-online.de
www.narzissmus.net
www.uniwissenpsycho.wordpress.com
www.zeitjung.de
www.magazin.sofatutor.com
www.wienerin.de
www.schutzgarten.wordpress.com

Fotoquellen:
- Depositphotos.com

Das Werk einschließlich aller seiner Teile ist urheberrechtlich geschützt. Jede Verwertung ist ohne schriftliche Zustimmung des Autors unzulässig. Darunter fallen auch alle Formen der elektronischen Verarbeitung. Die Wiedergabe von Gebrauchsnamen, Handelsnamen, Warenbezeichnungen usw. in diesem Werk berechtigt auch ohne besondere Kennzeichnung nicht zu der Annahme, dass solche Namen im Sinne der Warenzeichen- und Markenschutzgesetzgebung als frei zu betrachten wären und daher von jedermann benutzt werden dürfen. Der Autor übernimmt keinerlei Gewähr für die Aktualität, Korrektheit, Vollständigkeit oder Qualität der bereitgestellten Informationen und weiteren Informationen. Haftungsansprüche gegen den Autor, welche sich auf Schäden materieller oder ideeller Art beziehen, die durch die Nutzung oder Nichtnutzung der dargebotenen Informationen bzw. durch die Nutzung fehlerhafter und unvollständiger Informationen verursacht wurden, sind grundsätzlich ausgeschlossen, sofern seitens des Autors kein nachweislich vorsätzliches oder grob fahrlässiges Verschulden vorliegt.

© Mike R. Greuter
1. Auflage 2019 Alle Rechte vorbehalten. Nachdruck, auch auszugsweise, verboten. Kein Teil dieses Werkes darf ohne schriftlich Genehmigung des Autors in irgendeiner Form reproduziert, vervielfältigt oder verbreitet werden.
Kontakt: Mike R. Greuter
c/o Autoren.Services
Zerrespfad 9
53332 Bornheim
Covergestaltung: Mike R. Greuter
Coverfoto: Depositphotos.com
Fotos im Buch: Depositphotos.com, pixabay.com
Taschenbuch wird gedruckt bei: Amazon Media EU S.á r.l., 5 Rue Plaetis, L- 2338, Luxembourg

Printed in Poland
by Amazon Fulfillment
Poland Sp. z o.o., Wrocław

54630633R00056